Marburg

Sachbuchverlag Karin Mader

Universitätsstadt Marburg

Fotos:
Jost Schilgen
Seite 28, 32 + 45: Erhart Dettmering
Seite 33: Klaus Laaser
Seite 52/53 Mitte + oben: Marburg Tourismus und Marketing GmbH

Text:
Martina Wengierek

© Sachbuchverlag Karin Mader
D-28879 Grasberg

Grasberg 1999
Alle Rechte, auch auszugsweise, vorbehalten.

Übersetzungen:
Englisch: Michael Meadows
Französisch: Mireille Patel

Printed in Germany

ISBN 3-921957-57-5

In dieser Serie sind erschienen:

Titelbild: Alte Universität

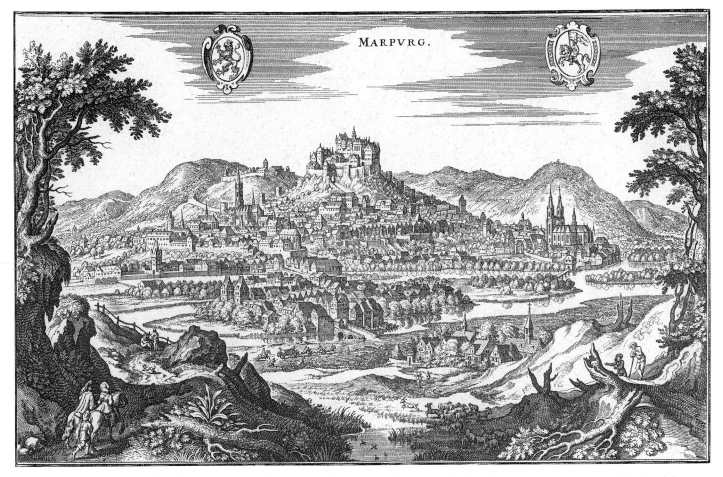

MARPVRG.

„Grenzburg ist die ursprüngliche Bedeutung des Namens dieser Stadt. Vermutlich reichen ihre Wurzeln bis in die Zeit zurück, in der Germanen und Kelten begannen, ihre Gemarkungen durch Wallanlagen voneinander abzugrenzen. Aus Marc-purg wurde Marburg, das bereits im Mittelalter eine bedeutende Rolle in der deutschen Geschichte spielte. Namen wie Martin Luther, Wilhelm und Jacob Grimm, Clemens Brentano, Alfred Wegener, Ferdinand Sauerbruch und Otto Hahn werden noch heute mit vielen anderen in einem Atemzug mit Marburg genannt – mit einer Stadt, die wie nur wenige andere deutsche Vergangenheit und Gegenwart lebt.

"Grenzburg" (border castle) is the original meaning of the name of this city. It is presumed that its roots reach back to the period when Teutons and Celts began to set bounds between their territories in the form of ramparts. Marc-purg turned into Marburg, which already played a major role in German history back in the Middle Ages. Names like Martin Luther, Wilhelm and Jacob Grimm, Clemens Brentano, Alfred Wegener, Ferdinand Sauerbruch and Otto Hahn as well as many others are mentioned in the same breath as Marburg even today – a city that lives its German past and present as only few others do.

Le nom de cette ville signifie à l'origine «forteresse de frontière». Elle fut probablement fondée à une époque où les Germains et les Celtes démarquaient leurs territoires réciproques par des remparts. Marc-purg devint Marburg, ville qui joua, dès le Moyen Age, un rôle important dans l'histoire allemande. Encore de nos jours les noms de Martin Luther, Wilhelm et Jacob Grimm, Clemens Brentano, Alfred Wegener, Ferdinand Sauerbruch, Otto Hahn et beaucoup d'autres surgissent à l'esprit lorsque l'on évoque Marbourg et elle vit le passé et le présent comme peu d'autres villes allemandes.

Bummel durch die Altstadt

Zentrum der quirligen Altstadt ist der Marktplatz mit dem Rathaus, das von 1512-26 in spätgotischem Stil entstand. Attraktion ist der zu jeder vollen Stunde flügelschlagende und „krähende" Hahn auf dem Dachgiebel des Treppenturms. Wo sich jetzt Touristen tummeln, rief Sophie von Brabant, Tochter der Hl. Elisabeth, stellvertretend für ihren dreijährigen Sohn Heinrich im Jahre 1248 das Land Hessen aus. Die Stadt wurde dadurch

The center of the lively Old Town is Markplatz with the Town Hall that was built in late Gothic style from 1512-26. One of the attractions is the rooster on the tower gable that flaps its wings and 'crows' every hour on the hour. At the site where tourists now congregate, Sophie von Brabant, the daughter of St. Elisabeth, proclaimed the state of Hessen in 1248 on behalf of her three-year-old son, Heinrich. The city thus

La place du Marché avec l'hôtel de ville, construit de 1512 à 1526 dans le style gothique finnissant, constitue le coeur de la vieille ville tourbillonnante. Sur le pignon de la tour d'escalier le coq de l' horloge animée, aux heures, fait entendre son chant et bat des ailes. C'est la grande attraction du lieu. A cet endroit précis où les touristes se bousculent, Sophie de Brabant, fille de sainte Elisabeth, représentant son fils

erste Residenz der hessischen Landgrafen. Unter ihrem Schutz konnte sie sich 400 Jahre lang prächtig entwickeln.
Eine idyllische Kulisse beflügelt die Phantasie. Der Rechtshistoriker Friedrich Karl von Savigny begründete zu Beginn des 16. Jahrhunderts die „Marburger Romantik". Clemens Brentano und Achim von Arnim ließen sich zu der ersten deutschen Volksliedersammlung „Des Knaben Wunderhorn" inspirieren, die Brüder Grimm starteten ihre berühmte Märchensammlung

became the first royal seat of the Hessian landgraves. Under their protection it was able to develop splendidly for 400 years. Such an idyllic setting fires the imagination. Law historian Friedrich Karl von Savigny founded Marburg's Age of Romanticism at the beginning of the 19th century. Clemens Brentano and Achim von Arnim were inspired to compose the first German collection of folk songs, 'Des Knaben Wunderhorn', the Brothers Grimm started their famous collection of fairy tales and

Henri, âgé de trois ans, proclama le land de Hesse. C'était en 1248. Marbourg devint ainsi la première résidence des landgraves de Hesse. Leur protection qui devait durer 400 ans lui permit de se developper et de devenir une ville magnifique.
Un décor idyllique comme celui-ci donne des ailes à l'imagination. L'historien du droit Friedrich Karl von Savigny y fonda, au début du 19e siècle, le «Romantisme de Marbourg», Clemens Brentano et Achim von Arnim y reçurent l'inspiration pour leur

und Bettina von Arnim schrieb hier ihre „Sternengesänge". Auch der russische Dichter Boris Pasternak empfand Marburg als „mittelalterliches Märchen". Verwinkelte Gassen, Brunnen, aneinandergeschmiegte Fachwerkhäuser, verspielte Erker und Butzenscheiben verzaubern die Besucher bis heute. Zu recht liegt die Stadt an der Deutschen Märchenstraße.

Bettina von Arnim wrote her 'Sternengesänge' here. Russian poet Boris Pasternak also viewed Marburg as a 'medieval fairy tale'. Crooked lanes, fountains, half-timbered houses nestled together, decorative bay windows and bulls'-eye window panes captivate visitors even today. It is not by chance that the city is located on Germany's Fairy Tale Route.

premier recueil de chansons populaires allemandes «Du Jeune Garçon Wunderhorn», les frères Grimm y commencèrent leur célèbre recueil de contes et Bettina von Arnim écrivit ici sa «Chanson des Etoiles». Pour l'écrivain russe Boris Pasternak également, Marbourg est un conte de fées médiéval. Ruelles tortueuses, fontaines, maisons à colombages blotties les unes contre les autres, pièces en saillie pleines de fantaisie et vitres en cul de bouteille enchantent le visiteur encore de nos jours. Marbourg est située, comme il se doit, sur la Route Allemande des Contes.

Nicht nur Historiker kommen auf ihre Kosten. In vielen traditionsreichen Bauten haben sich schicke Geschäfte, Boutiquen, Cafes und Kneipen eingerichtet. Bummeln, stöbern und einkaufen – ein ideales Revier für unternehmungslustige Pflasterhelden.

This is not only a city for historians. Many buildings with a long and rich tradition now accommodate elegant shops, boutiques, cafés and pubs. Whether for strolling, rummaging or shopping – an ideal place for enterprising visitors and residents on foot.

Les amateurs d'histoire ne sont pas les seuls à se réjouir. De nombreux magasins élégants, des boutiques, des cafés et des bistrots ont été aménagés dans des édifices riches de traditions. Flâner, fouiller, acheter: c'est ici le paradis des amis du shopping.

Das malerische Stadtbild, hier der Steinweg, gekennzeichnet durch herrliche Akazienbäume, die die unterschiedlichen Höhen dieser Straße trennen, wird beherrscht von vorwiegend schlichten Fachwerkhäusern aus dem 16. bis 19. Jahrhundert. Die meisten von Ihnen wurden im Laufe der Zeit verputzt oder verschiefert; inzwischen hat man viele wieder freigelegt.

The picturesque skyline, here the "Steinweg," characterized by marvelous acacia trees which separate the different levels of this street, is dominated primarily by plain half-timbered edifices dating from the 16th to 19th century. Most of them were plastered or covered with slate in the course of time, but in the meantime many have been restored with their original facade.

La physionomie de la ville, ici le Steinweg est caractérisé par de merveilleux acacias qui séparent les différents niveaux de la rue, est caractérisée par des édifices à colombages assez simples, construits du 16 au 19e siècles, Ils ont souvent été crépis ou recouverts d'ardoise au cours des siècles mais, entre temps, beaucoup d'entre eux ont été débarassés de ces revêtements.

Wenn es etwas gibt, das besonders typisch für Marburg ist, dann sind es die unzähligen Stufen in den steilen und engen Gassen. Jacob Grimm soll einmal gesagt haben: „Ich glaube, es sind mehr Treppen auf den Straßen als in den Häusern".

If there is something typical of Marburg, it is the innumerable steps in the steep and narrow lanes. Jacob Grimm is supposed to have said once: 'I believe there are more steps on the streets than in the houses.'

S'il y a quelque chose qui est particulièrement typique de Marbourg, ce sont les innombrables escaliers des ruelles étroites et grimpantes. Jacob Grimm aurait dit une fois: «Je crois qu'il y a plus d'escaliers dans les rues que dans les maisons».

Am Steinweg zieht dieses aufwendig gestaltete Fachwerkhaus mit den für diese Region typischen ornamentalen Kratzputz-feldern die Blicke auf sich – ein ausgezeichnetes Beispiel für die sich wandelnde Architekturmode. Denn ab Ende des 19. Jahrhunderts lagen sichtbare und dekorative Holzkonstruktionen plötzlich wieder im Trend.

In the street called Am Steinweg this intricately designed half-timbered house, with the ornamental scratched plaster panels typical for this region, is the center of attention – an outstanding example of the changing architectural style. From the end of the 19th century onward, visible and decorative wood structures were suddenly in fashion again.

Cette maison de la Steinweg aux colombages élaborés et aux surfaces ornementales crépies typiques de cette région, (attire) le regard. C'est un excellent exemple du changement des modes en architecture. A la fin du 19e siècle, en effet, les poutres apparentes et décoratives étaient de nouveau au goût du jour.

Damit die Stadt auch in Zukunft ihr Gesicht behält, haben die Stadtväter eine sogenannte Veränderungssperre für das Gebiet rund ums Schloß erlassen. Dank der gelungenen und inzwischen auch preisgekrönten Altstadtsanierung gewinnt Marburg von Jahr zu Jahr an Atmosphäre.

To ensure that the city retains its appearance in the future, the city fathers enacted a so-called ban on change for the area around the castle. Thanks to the successful rehabilitation of the Old Town, for which a prize has been awarded, the atmosphere in Marburg is enhanced year after year.

Pour préserver la physionomie de la ville les édiles ont promulgué une interdiction de modifier l'espace entourant le château. L'assainissement de la vieille ville a été un succès (il a même remporté un prix) et l'atmosphère de la vieille ville y gagne d'année en année.

Verwunschen wohnen – in Marburg kein unerfüllbarer Traum. Wer die Reize der deutschen „Bergstadt mit der schönsten Ansicht" erkunden will, muß allerdings gut zu Fuß sein.

Living in enchanted surroundings – a dream that can come true in Marburg. However, if you want to discover the charms of Germany's 'hilly city with the most beautiful view', you have to be able to get around on foot.

Habiter dans un lieu enchanteur est un rêve réalisable à Marbourg. Toute personne qui veut explorer les charmes de «la ville allemande de montagne avec la plus belle vue» doit cependant avoir bon pied.

In der ersten Hälfte des 13. Jahrhunderts bekam die Stadt ihre erste Befestigung, die im Laufe der Zeit ständig erweitert oder umgebaut wurde. Reste davon stehen heute noch wie etwa der Bettinaturm, die Mühlpforte, zwei Wachhäuschen oder das Kalbstor, das seit 1234 Einlaß in die Altstadt gewährt und heute von üppigen Grünpflanzen „bewacht" wird.

In the first half of the 13th century the city was provided with its first fortifications, which were constantly expanded or modified in the course of time. Remains are still standing today, such as Bettina Tower, Mühlpforte, two small guardhouses and Kalbstor, a gate that has permitted entry into the Old Town since 1234 and is now 'guarded' by lavish green plants.

Le premier rempart de la ville fut construit au 13e siècle et, au fil du temps, il fut constamment agrandi ou modifié. Il en existe encore des vestiges: Bettinaturm, Mühlpforte, deux postes de garde et la Kalbstor de 1234 par laquelle on accède à la vieille ville. De nos jours elle est «gardée» par une végétation luxuriante.

Steinhäuser wie dieses sind eher die Ausnahme. Das sogenannte „Hochzeitshaus" ließ sich einst ein reicher Kaufmann errichten, der offenbar eine Vorliebe für Erker und Dachtürmchen hatte.

Stone houses such as this one are the exception. The so-called 'Wedding House' was once furnished by a wealthy merchant, who obviously had a weakness for bay windows and roof towers.

Les maisons de pierre comme celle-ci sont plutôt rares. Connue sous le nom de «Maison des Mariages» elle fut construite par un riche marchand qui, de toute évidence, avait une préférence pour les pièces en saillie et les tourelles.

Ein geschlossener Gebäudebezirk um die Elisabethkirche gehörte früher dem Deutschen Orden, neben den Templern und Johannitern der bedeutendste geistliche Ritterorden des Mittelalters. Vorhanden ist davon noch das mehrflügelige „Deutsche Haus". Wo früher Ordensritter lebten, büffeln heute Geographie-Studenten.

An enclosed building district around the Elisabeth Church used to belong to the Teutonic Order, one of the major religious orders of knights in the Middle Ages along with the Templars and the Knights of St. John of Jerusalem. All that is left is the multi-wing 'Deutsche Haus'. Where knights of the order used to live, geography students cram today.

Un ensemble de bâtiments formant un quartier près de l'église Ste-Elisabeth appartenait jadis à l'ordre des Chevaliers Teutoniques. C'était, avec les Templiers et les Johanites l'ordre religieux de chevalerie le plus important du Moyen Age. La «Deutsche Haus» à plusieurs ailes, existe toujours. Elle abritait jadis les chevaliers mais aujourd'hui ce sont les étudiants de géographie qui y «bûchent».

Details entdecken

Überall in der Stadt lohnt es sich, etwas genauer hinzusehen, besonders für Profi- und Hobbyfotografen. Die Rathausuhr, der Georgsbrunnen am Marktplatz, die Rats- schänke mit Sophie von Brabant, die Bronzeskulptur am Renthof, Schnitzereien, hessische und andere Löwen und verträumte Erker und Blumenfenster sind nur eine kleine Auswahl unzähliger Motive.

Everywhere in the city it is worthwhile taking a closer look, this applies especially to professional and amateur photographers. The Town Hall clock, Georgsbrunnen at Marktplatz, the Ratsschänke with Sophie von Brabant, the bronze sculpture at Renthof, carvings, Hessian and other lions as well as quaint bay windows and flower windows are just a small selection of the plethora of motifs.

Partout dans la ville cela vaut la peine d'être attentif aux détails, surtout pour les photo- graphes, amateurs ou professionnels. L'horloge de l'hôtel de ville, la fontaine de Georgsbrunnen sur la place du Marché, le Ratsschänke de l'hôtel de ville avec Sophie de Brabant, la sculpture de bronze du Renthof, des sculptures sur bois, des lions de Hesse et d'ailleurs, pièces en saillie rêveuses et fenêtres décorées de fleurs ne sont que quelques exemples de sujets parmi tant d'autres.

Die Lahn haben sich die Ur-Marburger als Wasser- und Lebensquelle ausgesucht – einen Fluß, der stolze 245 Kilometer lang ist. In Lahnstein mündet er in den Rhein. Immerhin 137 Kilometer der Lahn sind schiffbar. Auf über 100 Kilometern aber gehört sie ganz allein den Enten und Kapitänen kleiner Boote.

The original inhabitants of Marburg chose the Lahn as their source of water and life - a river with an impressive length of 245 kilometers. In Lahnstein it flows into the Rhine. The navigable portion of the Lahn measures 137 kilometers while over 100 kilometers belong to ducks and skippers of small boats.

Les premiers habitants de Marbourg s'installèrent au bord de la Lahn car elle leur dispensait l'eau et la vie. Cette rivière d'une longueur non négligeable de 245 kilomètres, se jette dans le Rhin à Lahnstein. La Lahn est navigable sur 137 kilomètres. Pour les 100 kilomètres restants, ils constituent le domaine des canards et des petits bateaux.

Wer Ruhe und Entspannung sucht, findet sie besonders am Fluß. Das leise Gurgeln einer Wasserfallstufe ist die ideale Begleitmusik für Tagträumer. An Plätzen wie diesem fällt es leicht, ein wenig die Zeit anzuhalten.

Those seeking rest and relaxation will find it particularly at the river. The soft gurgling of a waterfall is the ideal background music for daydreamers. It is easy to stop time for a while in places like this.

Au bord du fleuve le promeneur trouvera repos et détente. Le gazouillis de l'eau accompagnera ses rêveries. A des endroits comme celui-ci , le temps semble parfois s'arrêter, pour un moment.

Das moderne Marburg

Die Kontraste können kaum größer sein: Nur ein paar Schritte und man hat das Mittelalter verlassen. Das moderne Congress Center, 1996 eingeweiht, macht Marburg zum begehrten Tagungsort. Bereits 1969 wurde die Stadthalle, das Erwin-Piscator-Haus, eröffnet. 1000 Besucher finden hier Platz (oben).

The contrasts could not be greater: only a few steps away and you leave the Middle Ages. The modern Congress Center, officially opened in 1996, makes Marburg a popular conference site. The Stadthalle (civic center), Erwin-Piscator-Haus, was opened back in 1969. It provides seating for 1000 guests (above).

Les constrates ne pourraient guère être plus frappants: en quelques pas on quitte le Moyen Age. Le très moderne Congress Center, inauguré en 1996, fait de Marbourg un lieu de congrès très convoité. Le Stadt-halle, la maison Erwin-Piscator, fut mis en service dès 1969. Il peut accueillir 1000 visiteurs (ci-dessus).

Vom Schloß aus ist gut zu erkennen, wie die Stadt wächst. Aus dem Grün um den Altstadtkern erheben sich moderne Wohn-, Geschäfts- und Verwaltungsgebäude. Von der Kreisstadt aus werden die Geschicke des Landkreises Marburg-Biedenkopf gelenkt.

From the castle it is easy to see how the city is growing. Out of the green area surrounding the core of the Old Town rise modern residential, office and administration buildings. The district capital holds the reins over the fate and fortune of the Marburg-Biedenkopf district.

Du château l'on peut bien voir comment la ville se développe. Parmi les espaces verts autour du vieux centre-ville, se dressent des édifices modernes – maisons d'habitation, commerces, bâtiments administratifs. Marbourg est le chef-lieu du district de Marbourg-Biedenkopf et son centre administratif.

Die Universitätsstadt

Immer auf der Höhe der Zeit müssen Hochschulen sein, um konkurrenzfähig zu bleiben. Auch die altehrwürdige Philipps-Universität präsentiert sich heute im architektonischen Kleid des 20. Jahrhunderts. Hier das Klinikum auf den Lahnbergen. Gegründet wurde die Hochschule im Jahr 1527 von Landgraf Philipp dem Großmütigen – übrigens als erste protestantische Universität der Welt. 11 Professoren und 84 Studenten nahmen am 1. Juli den Lehrbetrieb auf.

Universities and colleges have to stay up-to-date in order to be competitive. The venerable Philipps University also presents itself in the architectural dress of the 20th century. Here is the Klinikum at Lahnbergen. The university was established by Landgrave Philipp the Magnanimous in 1527 - incidentally as the first Protestant university in the world. 11 professors and 84 students began instruction and studies on July 1.

Les universités doivent toujours être à la hauteur de leur temps pour rester concurrentielles. L'ancienne et vénérable Philipps-Universität se présente aujourd'hui sous des formes architecturales du 20e siècle. Ici le Klinikum sur les Lahnbergen. Cette université fut fondée en 1527 par le comte Philippe le Magnanime. C'était la première université protestante du monde. Le 1er juin onze professeurs et quatre-vingt-quatre étudiants commencèrent les cours.

Mittagspause: So läßt sich das Studenten-leben ertragen. Auf dem Rasen vor der Mensa der Alten Uni kann man Energie und Sonne tanken, bevor es in die nächste Vorlesung geht. Ein futuristisch anmutendes gläsernes Tunneldach sorgt dafür, das viel Licht in die Neue Mensa auf den Lahnbergen fällt.

Lunch break: this makes student life bearable - soaking up sun and energy on the grass in front of the cafeteria of the Old University, before it is time for the next lecture. A glass tunnel roof with a futuristic design ensures that lots of light comes in the New Cafeteria at Lahnbergen.

La pause du midi: la vie étudiante a ses bons côtés. Sur le gazon devant le Restaurant universitaire de la vieille université on peut reprendre des forces au soleil avant le prochain cours. Un tunnel au toit de verre aux allures futuristes laisse pénétrer beaucoup de lumière dans le nouveau restau-U sur les Lahnbergen.

Früher war dies einmal die „neue" Uni. Der wuchtige Gebäudekomplex entstand in den Jahren 1874 bis 1878. Damals fanden noch alle Studenten in der alten Aula mit den monumentalen Gemälden von Peter Janssen (1887-91) einen Platz, doch selten waren es mehr als 300. Heute studieren in Marburg über 18 000 Studenten in 21 Fachbereichen, die über das gesamte Stadtgebiet verteilt sind.

This once was the 'new' university. The massive building complex was constructed from 1874 to 1878. At that time all students were able to find a seat in the old assembly hall with the monumental paintings by Peter Janssen (1887-91), but there were rarely more than 300. Now over 18,000 students study in 21 departments that are spread over the entire city.

C'était jadis la «nouvelle» université. Ce complexe architectural massif fut construit entre 1874 et 1878. A cette époque tous les étudiants pouvaient encore prendre place dans la vieille salle des fêtes aux peintures monumentales de Peter Janssen (1887-91) mais ils étaient rarement plus de 300. De nos jours ils excèdent 18 000 et sont répartis en 21 facultés dont les édifices sont parsemés dans la ville entière.

Kunst- und Kulturgeschichte sind im Ernst-von-Hülsen-Haus in der Biegenstraße und im Wilhelmsbau des Landgrafenschlosses zu Hause. Vorwiegend Werke bildender Künstler aus dem 19. und 20. Jahrhundert sind hier ausgestellt, darunter auch der „Briefbote" von Carl Spitzweg. Das Ernst-von-Hülsen-Haus wird auch Jubiläumsbau

Art and cultural history have found a home in the Ernst-von-Hülsen House in Biegenstrasse and in Wilhelmsbau, which is part of the landgrave palace. Primarily works of artists from the 19th and 20th centuries are on display here, including the 'Postman' by Carl Spitzweg. The Ernst-von-Hülsen House is also called the Anniversary Edifice

La maison Ernst-von-Hülsen dans la Biegenstraße et le Wilhelmsbau du château des landgraves sont dédiés à l'histoire de l'art et de la culture. Ils accueillent surtout des oeuvres des 19 et 20e siècles, parmi elles le «Facteur» de Carl Spitzweg. La maison Ernst-von-Hülsen est aussi appelée maison du Jubilé parce qu'elle fut construite

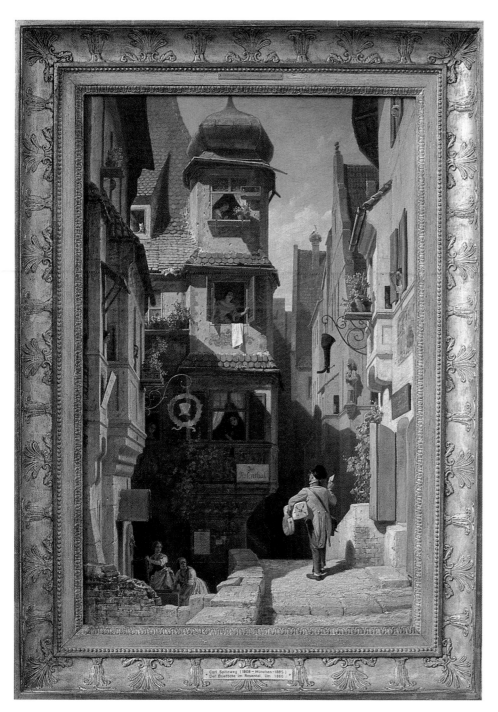

Carl Spitzweg [1808—München—1885]
Der Briefbote im Rosental. Um 1860

genannt, weil es 1927 anläßlich des
400jährigen Bestehens der Universität
errichtet wurde. Es enthält unter
anderem das „Bildarchiv Marburg", die
größte Foto-Dokumentation der Welt
über Kunst- und Bauwerke. Im Wilhelmsbau befindet sich das zentrale
mittelhessische Volkskundemuseum.

because it was built on the occasion of
the 400th anniversary of the university
in 1927. Among other things, it contains
Marburg's pictorial archives, the largest
photographic documentation on works
of art and architecture in the world. The
central Hessian museum of folklore is
located in Wilhelmsbau.

à l'occasion du 400e anniversaire de
l'université. Elle abrite, en particulier,
les «Archives Picturales» de Marbourg
qui comprennent la plus grande documentation photographique du monde sur
des oeuvres d'art et des édifices. Le
Wilhelmsbau accueille le musée central
d'ethnographie de la Hesse moyenne.

Rund ums Schloß

Wer das Landgrafenschloß nicht besucht hat, war nicht wirklich in Marburg, heißt es. Der Aufstieg geht vorbei an alten Mauern, Laternen und einem Relief mit einer Darstellung der Hl. Elisabeth. Angesichts des Turmes der Marienkirche bleibt man

It is said that those who have not visited the landgrave palace have not really been in Marburg. The ascent takes you past old walls, lanterns and a relief with a depiction of St. Elisabeth. One involuntarily stops in front of the tower of the Church of the

unwillkürlich stehen: Er ist wirklich schief und gilt als eines der Wahrzeichen der Stadt. Der Anblick der alten Dächer und Klein-gärten läßt vergessen, daß man sich in einer Stadt mit 76 400 Einwohnern befindet.

Virgin Mary: it really is slanted and is considered to be one the city's landmarks. The view of the old roofs and small gardens makes you forget that you are in a town with a population of 76,400.

Le visiteur qui n'est pas allé au château des landgraves ne connaît pas vraiment Mar-bourg. La montée passe devant de vieux murs, des lampadaires et un bas-relief qui représente sainte Elisabeth. A la vue de la tour de la Marienkirche le visiteur s'arrête malgré lui. Elle est vraiment penchée et est considérée comme l'un des emblèmes de la ville. La vue sur les vieux toits et les petits jardins nous fait oublier que nous nous trouvons dans une ville de 76 400 habitants.

Der Weg zum Schloß führt an der ehemaligen landgräflichen Kanzlei vorbei. Später diente der Renaissancebau von 1576 als Sitz des Landgerichts. Heute ist hier die religionskundliche Sammlung der Universität untergebracht.

The road to the palace takes one past the former landgrave chancellery. Later the Renaissance edifice served as the seat of the district courts. Today it houses the university's collection of religion-related exhibits.

Le chemin du château passe devant l'ancienne chancellerie des comtes. Plus tard cet édifice Renaissance de 1576 servit de siège au tribunal du land. A présent il accueille la collection de l'université relative à l'étude de la religion.

Das Schloß entstand aus einer Turmburg, die erstmals um 1140 urkundlich erwähnt auftaucht. Am Anfang des 14. Jahrhunderts wurde der Hauptbau vollendet. Heute besteht es aus einem hufeisenförmigen Gebäudekomplex, der sich um einen schmalen, trapezförmigen Innenhof zieht. Im Verlauf seiner wechselvollen Geschichte diente es als Residenz, Festung, Kaserne, Lazarett, Gefängnis und Magazin. Heute befindet es sich in der Obhut der Philipps-Universität.

The palace was constructed out of a tower castle that was first mentioned in a document around 1140. The main edifice was completed at the beginning of the 14th century. Today it consists of a horseshoe-shaped building complex that runs around a narrow, trapezoidal inner courtyard. In the course of its eventful history, it served as a residential seat, fortress, military barracks, sick bay, prison and storehouse. Today it is under the care of the Philipps University.

Le château fut construit à partir d'une tour fortifiée, mentionnée pour la première fois vers 1140. Le bâtiment principal fut complété au début du 14e siècle. De nos jours lc châtcau sc préscntc sous la forme d'un complexe en fer à cheval qui s'allonge autour d'une cour intérieure étroite formant un trapèze. Il eut une histoire fort mouve-mentée et servit tour à tour de résidence, de forteresse, de caserne, de lazaret, de prison et de magasin. A présent c'est l'université Philipps qui préside à ses destinées.

Der Ritter- oder Fürstensaal des Schlosses gilt als größter gotischer Saalbau Deutschlands. Eine Reihe von vier Pfeilern in der Mitte teilt ihn in zwei Schiffe mit je fünf quadratischen Gewölbefeldern. Die zweischiffige Saalfom ist seit dem 13. Jahrhundert aus dem französischen Burgenbau bekannt. Nach einer grundlegenden Sanierung finden hier wieder Konferenzen, Festveranstaltungen und Konzerte statt.

The Knights' or Royal Room of the palace is considered to be the largest Gothic function hall in Germany. A row of four pillars in the middle divides it into two naves with five square vault fields each. The two-nave hall shape has been known from French castle architecture since the 13th century. After extensive rehabilitation work conferences, festive events and concerts now take place here again.

La salle des Chevaliers ou salle des Princes du château est considérée comme la plus grande salle gothique d'Allemagne. Une rangée de piliers en son milieu la divise en deux vaisseaux comprenant chacun cinq champs de voûte carrés. L'on trouve ce type de salle à deux vaisseaux dans les châteaux français du13e siècle. Elle a été assainie de fond en comble et elle accueille à nouveau des fêtes, des concerts, des conférences.

Erst 1970 begann man nach eingehenden Untersuchungen damit, die Schloßkapelle in ihrer ursprünglichen Farbgebung mit alten Handwerkstechniken zu restaurieren. Ein riesiger Christophorus wacht in der Westnische über die 1288 geweihte kleine Kirche im Südflügel des Schlosses. Die Wandmalerei entstand um 1300.

It was not until 1970, after thorough investigations, that work was started on restoration of the palace chapel in its original color and with old craft techniques. A giant St. Christopher in the west niche watches over the small church in the south wing of the palace that was consecrated in 1288. The mural painting was created around 1300.

Ce n'est qu'en 1970, après de minutieuses recherches, que l'on commença à restaurer la chapelle du château dans ses teintes d'origine et avec de vieilles techniques artisanales. Un gigantesque saint Christophe dans la niche ouest veille sur cette petite église consacrée en 1288 dans l'aile sud du château. Les fresques datent de 1300.

Sehenswert im Innenhof des Schlosses sind das Wandrelief und das reich ornamierte Renaissance-Portal. Bis 1897 schmückte das Portal mit vierfacher Säulen- und Nischengliederung ein Privathaus am Steinweg. Da war es schon über 200 Jahre alt.

In the palace courtyard the wall relief and the richly ornamented Renaissance portal are well worth seeing. Until 1897 the portal, with a fourfold column and niche structure, adorned a private house at Steinweg. At that time it was already over 200 years old.

Dans la cour intérieure du château le bas-relief du mur et le portail Renaissance richement orné sont remarquables. Ce portail agencé en quatre parties comprenant colonnes et niches décorait une maison privée de la Steinweg jusqu'en 1897. Il était déjà alors vieux de 200 ans.

Für Liebhaber kultureller Veranstaltungen unter freiem Himmel ist der Schloßgarten ein heißer Tip. Operetten- und Konzert-Aufführungen aller musikalischen Genres stehen von Mai bis September auf dem Spielplan der Freilichtbühne. Ein Erlebnis für Cineasten ist das Open Air-Kino.

For lovers of cultural events in the open air the palace garden is a hot tip. Operetta and concert performances of all musical genres are part of the programme offered on the open-air stage from May to September. The open-air movie theater is an experience for cineasts.

Les amis des manifestations en plein air seront comblés dans le jardin du château. On y présente, en effet, de mai à septembre des opérettes et des concerts de tous les genres musicaux. Les cinéphiles ne doivent pas manquer d'aller au cinéma en plein air.

Die Kirchen der Stadt

In Marburg lebte eine der bedeutendsten Frauen des Mittelalters: die junge, verwitwete Landgräfin Elisabeth von Thüringen. Wegen ihres sozialen Engagements für Kranke und Arme wurde sie vier Jahre nach ihrem frühen Tod 1235 heiliggesprochen. Nach ihr ist die – heute evangelische – Elisabethkirche benannt, die der Deutsche Orden 1235-83 als eine der ersten großen hochgotischen Kirchen in Deutschland über ihrem Grab errichtete. Die Türme wurden erst 1330 vollendet.

One of the most significant women of the Middle Ages lived in Marburg: the young widow, Landgravine Elisabeth von Thüringen. Because of her social commitment for the sick and poor, she was canonized four years after her early death in 1235. The Elisabeth Church, now Protestant, is named after her; it was built over her grave by the Teutonic Order of Knights from 1235-83 as one of the first large High Gothic churches in Germany. The towers were not completed until 1330.

A Marbourg vécut l'une des femmes les plus remarquables du Moyen Age: la comtesse Elisabeth de Thuringe. Jeune et veuve, elle se consacra aux malades et aux pauvres ce qui lui valut d'être canonisée en 1235, quatre ans après sa mort. L'église Sainte-Elisabeth – à présent protestante – lui a été dédiée. L'ordre des Chevaliers Teutoniques la fit construire de 1235 à 1283 sur sa tombe. C'était l'une des premières églises du haut gothique en Allemagne. Les tours ne furent terminées qu'en 1330.

Obwohl sein ehemals reicher Figuren-
schmuck in der Bilderstürmerzeit zerstört
wurde, blieb der steinerne Lettner zentraler
Blickfang. Das Bronzekruzifix schuf Ernst
Barlach 1931. Zu den Kirchenschätzen
zählen außerdem der Hochaltar, das
Elisabeth-Mausoleum, die Langrafengräber
und die prächtigen Chorfenster: Sie gelten
als großartiges Zeugnis deutscher Monu-
mentalmalerei des 13. Jahrhunderts.

Although its formerly rich ornamentation
with figures was destroyed during the
iconoclastic period, the stone choir screen
remained the main eye-catcher. The bronze
crucifix was created by Ernst Barlach in
1931. The church treasures also include the
high altar, the Elisabeth Mausoleum, the
landgrave tombs and the splendid choir
windows: they are regarded as a magnificent testimony to 13th century German
monumental painting.

Bien que sa riche décoration figurative de
jadis ait été détruite à l'époque des icono-
clastes, le jubé de pierre attire tous les
regards vers le centre. Le crucifix de bronze
est une oeuvre d'Ernst Barlach de 1931.
Parmi les trésors de l'église il faut compter
aussi le maître-autel, le mausolée
d'Elisabeth, les tombes des landgraves et les
magnifiques vitraux du choeur. Ils sont
considérés comme des témoins superbes de
la peinture monumentale allemande du 13e
siècle.

In der Sakristei befindet sich der prunkvolle Schrein, der einst die Gebeine Elisabeths barg. Das bedeutende Werk rheinisch-maasländischer Goldschmiedekunst entstand um die Mitte des 13. Jahrhunderts in Aachen. Gegenüber der Elisabethkirche erhebt sich an einem Berghang die Michaelskapelle. Das 1270 geweihte „Michelchen" diente ursprünglich dem Deutschen Orden und dem Elisabeth-Hospital als Friedhofskapelle.

The magnificent shrine, which once held Elisabeth's mortal remains, is in the sacristy. This major work of Rhineland-Maasland goldsmith craftsmanship was created in Aachen around the mid-13th century. On a mountain slope opposite the Elisabeth Church stands Michael's Chapel. Consecrated in 1270 as 'Michelchen' ('Little Michael'), it originally served as a cemetery chapel for the Teutonic Order and Elisabeth Hospital.

Le reliquaire d'apparat qui contenait jadis les ossements d'Elisabeth se trouve dans la sacristie. Ce produit remarquable de l'art de l'orfèvrerie des pays du Rhin et de la Meuse fut confectionné à Aix-la-Chapelle au 13e siècle. en face de l'église Ste-Elisabeth, sur un versant de montagne, se dresse la chapelle de St-Michel, la «Michelchen». Consacrée en 1270 elle servait à l'origine de chapelle funéraire aux Chevaliers Teutoniques et à l'hôpital Ste-Elisabeth.

Da während des 30jährigen Krieges die mittelalterliche Ausstattung zerstört wurde, zieren seit 1626 Figuren aus Alabaster den Altaraufsatz der Marienkirche. Die ehemals romanische Anlage wurde zu Beginn des 13. Jahrhunderts zur Stadtpfarrkirche erhoben. Der Deutsche Orden vergrößerte sie durch den heutigen Chorbau, im 14. Jahrhundert kam westlich ein dreischiffiges Hallenlanghaus hinzu.

Since the medieval furnishings were destroyed during the 30 Years' War, alabaster figures have adorned the top altar section of the Church of the Virgin Mary since 1626. The formerly Romanesque complex was elevated to a city parish church at the beginning of the 13th century. The Teutonic Order enlarged it to include the present choir structure. In the 14th century a long three-nave hall was added on the west side.

Le mobilier médiéval de la Marienkirche fut détruit pendant la guerre de Trente Ans. Le retable de l'autel, orné de sculptures d'albâtre, date de 1626. Cet ancien complexe roman fut élevé au rang d'église paroissiale de la ville au 12e siècle. Les Chevaliers Teutoniques lui ajoutèrent l'actuel édifice du choeur et, au 14e siècle, elle fut agrandie, sur son flanc ouest, d'une construction halle allongée à trois vaisseaux.

Kaum zu glauben, daß es sich bei dem steinernen Haus mit dem Fachwerkaufsatz am Schuhmarkt um die älteste erhaltene Kirche Marburgs handelt. St. Kilian entstand am Ende des 12. Jahrhunderts, wurde aber nach der Reformation profaniert und so auch den Kirchturm los. Nach dem Umbau im 16. Jahrhundert wurde sie als Speicher, später als Schule genutzt. Heute residiert hier das Deutsche Grüne Kreuz.

It is hard to believe that the stone building with the half-timbered top section at Schuhmarkt is the oldest preserved church in Marburg. St. Kilian was constructed at the end of the 12th century, but was profaned after the Reformation and thus lost the steeple. After being rebuilt in the 16th century it was used as a storehouse, later as a school. Today the German Green Cross has its offices here.

L'on a du mal à croire que l'édifice de pierre surmonté d'une partie à colombages sur le Schuhmarkt, soit la plus vieille église de Marbourg encore en existence. L'église St-Kilian fut construite au 12e siècle mais profanée après la Réforme et son clocher fut démoli. Transformée au 16e siècle, elle servit d'entrepôt puis d'école. Elle accueille à présent la Croix Verte Allemande.

Freizeit und Wochenende

Hier läßt sich herrlich ausspannen: Der Alte Botanische Garten mit prächigen Bäumen, Weiher und Mühlengraben ist wohl der schönste Park der Stadt. Das bereits 1810-14 angelegte Areal erhielt in den 70er Jahren Konkurrenz auf den Lahnbergen. Der Botanische Garten der Universität lockt mit großem Alpinum, Gewächshäusern und mit rekonstruierten Hügelgräbern aus der Steinzeit.

This is a splendid spot to relax: the Old Botanical Garden with magnificent trees, pond and mill race is regarded by most as the most beautiful park in the city. The grounds, which were laid out from 1810-14, received competition on Lahnbergen in the 1970s. The attractions of the university's botanical gardens include a large alpine section, greenhouses and reconstructed barrows from the Stone Age.

Le Vieux Jardin Botanique avec ses arbres magnifiques, ses étangs, ses biefs est bien le plus beau parc de la ville. C'est un endroit merveilleux pour la détente. Il fut tracé dès 1810-14 mais, depuis les années 70, il a un rival sur le monts de la Lahn. Le jardin Botanique de l'Université, en effet, doté d'un grand jardin alpestre, de serres et de reconstitutions de tumulus de l'âge de pierre, exerce un grand attrait sur les visiteurs.

Auf dem höchsten Punkt der Lahnberge erhebt sich seit 1880 der Kaiser Wilhelm-Turm. Wer den Aufstieg nicht scheut, wird mit einem herrlichen Ausblick auf Marburg und das Lahntal belohnt.

The Kaiser Wilhelm Tower has stood at the highest point of the Lahn mountains since 1880. Those willing to climb to the top will be rewarded with a marvelous view over Marburg and the Lahn valley.

La tour de l'Empereur Guillaume fut construite en 1880 sur le plus haut sommet des Lahnberge. Le promeneur qui ne craint pas la montée sera récompensé par une vue merveilleuse sur Marbourg et la vallé de la Lahn.

Schon in vorchristlicher Zeit war dieser Basaltkegel, der sich 365 Meter über dem Land erhebt, von Menschen besiedelt. Später zog man trutzige Mauern hoch: Die ursprünglich fränkische Burg gelangte im 12. Jahrhundert in den Besitz der Mainzer Bischöfe die sie zum kurfürstlichen Schloß umbauten. Viel blieb nicht übrig: Ruinen – und der herrliche Rundblick über das Land und die fünf Ortsteile. Ein Spaziergang auf der mittelalterlichen Stadtbefestigung Amöneburgs lohnt allemal.

This basalt cone, which rises 365 meters over the ground, was already settled by people in pre-Christian times. Later defiant walls were set up: the originally Franconian castle was taken over by the Mainz bishops, who rebuilt it into a royal palace, in the 12th century. Not much of it has remained: ruins and a marvelous panoramic view over the countryside and the five city districts. A walk around Amöneburg's medieval city fortifications is always worthwhile.

Ce cône de basalte qui se dresse à 365 mètres au-dessus des terres environnantes était déjà habité à l'époque préhistorique. Plus tard on y éleva de fières murailles. Cette forteresse, franque à l'origine, passa au 12e siècle à l'évêque de Mayence qui la transforma en château princier. Il n'en reste pas grand-chose: des ruines – et le magnifique panorama sur la région et les cinq districts de la ville. La forteresse médiévale d'Amöneburg mérite bien qu'on y fasse une promenade.

Die Landgrafen hatten es gegen den mächtigen Mainzer Klerus schwer. Und so ließ Sophie von Brabant, Tochter der Hl. Elisabeth und Mutter des ersten hessischen Landgrafen Heinrich I., um 1252 zur Sicherung ihres Besitzes Burg Frauenberg errichten. Der düstere Charme ihrer Ruine zieht heute ebenso viele Besucher an wie die alte Mühle in Argenstein.

The landgraves had a difficult time against Mainz' mighty clergy. And so Sophie von Brabant, daughter of St. Elisabeth and mother of the first Hessian landgrave, Heinrich I, had Burg Frauenberg built (1252) in order to safeguard her property. The gloomy charm of its ruins attracts as many visitors today as the old mill in Argenstein.

Les landgraves avaient beaucoup de difficulté à s'imposer face au puissant clergé de Mayence. Aussi Sophie de Brabant, fille de sainte Elisabeth et mère d'Henri I, premier landgrave de Hesse, fit-elle construire la forteresse de Frauenberg en 1252 pour protéger ses possessions. Le sombre charme de ces ruines attire de nos jours autant de visiteurs que le vieux moulin d'Argenstein

Langweilige Architektur war seine Sache nicht: Als es um einen neuen Wohnsitz ging, entschied sich Freiherr von Stumm 1871 für ein dreiflügeliges Schloß mit Elementen aus verschiedenen Stilepochen und malerischen Asymmetrien. Der weitläufige Landschaftspark, der Schloß Rauischholzhausen umgibt, verführt auch heute noch zum Promenieren.

Boring architecture was not his thing: when a new residential seat was needed, Freiherr von Stumm decided on a three-wing palace in 1871 with stylistic elements from various epochs and picturesque asymmetry. The expansive landscape park surrounding Schloss Rauischholzhausen is still a tempting spot for promenading.

Il n'aimait certainement pas l'architecture ennuyeuse: le baron von Stumm désirant une nouvelle résidence fit construire en 1871 un château à trois ailes réunissant des élements de style de diverses époques et de pittoresques ordonnances asymétriques. Le vaste parc paysager du château de Rauischholzhausen invite à faire d'agréables promenades.

Sie erzählen von Grafen und Vögten, von Prunk und Festen, von Kämpfen und Verliesen: Bevor die Lahn Gießen erreicht, erheben sich nicht weit von ihren Ufern die beiden Gipfelburgen Gleiberg und Vetzberg aus dem 11. bzw. 12. Jahrhundert.

They tell of counts and landvogts, splendor and festivities, battles and dungeons: before the Lahn reaches Giessen, two summit castles Gleiberg and Vetzberg from the 11th and 12th century, respectively, stand not far from its banks.

Ils évoquent des comtes et des baillis, des fêtes et des fastes, des combats et des oubliettes: Avant que la Lahn n'atteignent Gießen, non loin de ses rives, se dressent, sur deux sommets, les forteresses de Gleiberg et de Vetzberg des 11 et 12e siècles.

Chronik

1130
Wird die „Marc-purg" (thüringisch) erstmals erwähnt
1140
Marktsiedlung und Münzstätte
1222
Marburg erlangt Stadtrechte
1228
Landgräfin Elisabeth von Thüringen gründet das Franziskus Hospital
1231
Elisabeth von Thüringen stirbt am 17. November 1231
1235
Elisabeth wird heilig gesprochen
1248
Marburg ist erste hessische Residenz
1527
Die erste protestantische Universität der Welt wird gegründet
1528
Reformation durch Landgraf Philipp
1529
Marburger Religionsgespräche zwischen Luther und Zwingli (Schweiz) im Schloß
1645–47
Hessenkrieg, Belagerung und Plünderung
1648
Marburg kommt wieder zu Hessen-Kassel
1807
König Jérôme Bonaparte in Marburg (unter franz. Besatzung)
1839–51
Robert Bunsen, Professor der Chemie in Marburg
1866
Kurhessen wird preußisch
1874
Die Alte Universität entsteht an der Stelle des alten Dominikanerklosters im neugotischen Stil
1895
Emil von Behring wird Direktor des Hygienischen Instituts
1897
Otto Hahn stud. phil. (Begründer des Atomzeitalters, Nobelpreisträger)
1901
Emil von Behring erhält als erster Arzt den Nobelpreis
1904
Gründung der Behringwerke
1929
Marburg wird kreisfreie Stadt (bis 1974)
1963
Baubeginn der Universität auf den Lahnbergen
1969
Eröffnung der Stadthalle, Erwin-Piscator-Haus
Seit 1974
Großkreis Marburg-Biedenkopf (umfangreiche Eingemeindungen umliegender Dörfer)
1977
450-Jahr-Feier der Universität
1981
Eröffnung des zum Museum umgestalteten Wilhelmsbaus des Schlosses
1984
Im Rahmen eines Bundeswettbewerbs wird die Stadt Marburg für ihre vorbildliche Altstadtsanierung mit einer Goldmedaille ausgezeichnet
1994
Grabungsfunde bestätigen Existenz einer Synagoge aus dem 13./14. Jahrhundert am Obermarkt
1996
Einweihung des Congress Center

Chronicle

1130
"Marc-purg" (Thuringian) is first mentioned
1140
Market settlement and mint
1222
Marburg obtains city rights
1228
Landgravine Elisabeth von Thüringen founds Franziskus Hospital
1231
Elisabeth von Thüringen dies on November 17, 1231
1235
Elisabeth is canonized
1248
Marburg is the first Hessian royal seat
1527
The first Protestant university in the world is founded
1528
Reformation through Landgrave Philipp
1529
Marburg religious discussions between Luther and Zwingli (Switzerland) in the palace
1645–47
Hessen War, siege and plunder
1648
Marburg returns to Hessen-Kassel
1807
King Jérôme Bonaparte in Marburg (under French occupation)
1839-51
Robert Bunsen, Professor of Chemistry in Marburg
1866
Kurhessen becomes Prussian
1874
The Old University comes into being on the site of the old Dominican monastery in neo-Gothic style
1895
Emil von Behring becomes Director of the Hygiene Institutes
1897
Otto Hahn stud. phil. (founder of the atomic era, winner of the Noble Prize)
1901
Emil von Behring is first doctor to receive the Noble Prize
1904
Founding of the Behring works
1929
Marburg obtains status of a city which is, at the same time, an administrative district (until 1974)
1963
Beginning of the construction of the university on Lahnbergen
1969
Opening of the "Stadthalle" – Erwin-Piscator-Haus
Since 1974
Large district of Marburg-Biedenkopf (extensive incorporation of surrounding villages)
1977
450th anniversary of the university
1981
Opening of Wilhelmsbau, which was redesigned as a museum
1984
Within the framework of a nationwide competition, the city of Marburg is awarded a gold medal for its exemplary Old Town rehabilitation
1994
Excavation finds confirm existence of a synagogue dating from the 13th/14th century at Obermarkt
1996
Inauguration of Congress Center

Histoire

1130
«Marc-purg» (dans le dialecte de Thuringe) est mentionnée pour la première fois
1140
Ville de marché frappant monnaie
1222
Marbourg obtient une charte
1228
Elisabeth von Thüringen fonde l'hôpital Franziskus
1231
Mort d'Elisabeth au 17. Novembre 1231
1235
Elisabeth est canonisée
1248
Marbourg est la première résidence des comtes de Hesse
1527
Fondation de la première université protestante du monde
1528
La Réforme introduite par le comte Philippe
1529
Entrevue entre Luther et Zwingli (Suisse) dans la château
1645–47
Guerre de Hesse, Marbourg est assiègée et pillée
1648
Marbourg passe à Hesse-Kassel
1807
Jerôme Bonaparte règne à Marbourg
1839–51
Robert Bunsen, Professeur de chimie
1866
La Kurhesse devient prussienne
1874
la vieille université est érigée en style néo-gothique sur l'emplacement du vieux cloître dominicain
1895
Emil v. Behring devient directeur de l'Institut de hygiène
1897
Otto Hahn initie l'époque atomique, récepteur de Prix Nobel
1901
Emil v. Behring recoit comme prémier docteur le Prix Nobel
1904
Fondation de Behringwerke
1963
Marbourg devient une ville «kreisfrei»
1969
Construction de l'université sur les Lahnberge
Depuis 1974
Inauguration du Stadthalle, maison Erwin-Piscator
1977
De nombreux villages sont incorporés à Marbourg-Biedenkopf (Großkreis)
1981
Célébrations du 450e anniversaire de l'université
1984
Mise en service du musée aménagé dans le Wilhelmsbau du château.
1994
Dans le cadre d'ne compétition nationale la ville de Marbourg remporte une médaille d'or pour l'assainissement exemplaire de sa vieille ville
1996
Des excavations confirment l'existence d'une synagogue des 13/14e siècles dans la rue Obermarkt.

Inauguration du Congress-Center.